L^{27}n 20339.

LA PRISE

DE THEOPHILE par vn Preuost des Mareschaux dans la Citadelle du Castellet en Picardie.

Amené prisonnier en la Conciergerie du Palais le Ieudy 28. de ce mois.

A PARIS,

Chez Antoine Vitray, au College sainct Michel. 1623

LA PRISE DE
Theophile retenu en la ville de sainct Quentin.

LE mois d'Aoust dernier les Chambres du Parlement assemblees on proceda au iugement du procez de Theophile accusé d'auoir fait quantité de Vers impies contre l'honneur de Dieu, l'honnesteté ciuile, & toutes les bonnes mœurs. Il auoit esté appellé pour respondre ausdites accusations, mais le ver de sa conscience l'empescha d'y aller, quoy qu'il feist assez du resolu, & qu'il creust que le merite de son esprit estoit capable de le sauuer de

A

quelque peril que ce fuſt, s'imaginant que quelques grands chez leſquels il alloit ſouuent manger, & qu'il entretenoit de bons mots, auroient aſſez de credit d'empeſcher la punition des crimes, dont il eſtoit accuſé. Sa vanité l'ayant touſiours porté de croire qu'il eſtoit le Phœnix des Poëtes de noſtre temps. Dieu qui ſçait bien abaiſſer telles gens a tellement deſſillé les yeux de ceux meſmes chez leſquels il s'eſtimoit le mieux venu qu'ils l'ont totallement abandonné : Il auoit eſté exhorté pluſieurs fois de n'eſcrire point comme il faiſoit des choſes ſi horribles que les plus perdus meſmes ne pouuoient approuuer. Mais ſon eſprit ne pouuoit à ſon aduis paroiſtre que par là. Le Roy qui eſt vn Prince le mieux nay, le plus craignant Dieu, & du meilleur naturel du monde, luy auoit defendu de le veoir s'il ne changeoit de discours, & apres qu'on luy eut fait veoir quelques impietez sorties de sa main, le chassa de sa presence, & le bannit de sa Cour. Cōme il eut perdu la veuë de ce soleil de la France, il veid qu'il falloit moyenner son retour, ce qu'il ne pouuoit faire qu'en promettant de mieux viure & n'escrire iamais rien qui offençast l'honneur de Dieu, de l'Eglise, ny des Saincts. Il feit veoir le Roy par des gens de merite & de credit, afin de faire supplier sa Majesté de le remettre en sa grace, luy faire continuer sa pension, & luy donner moyen de veoir quelqu'vn à qui se reconcilier. Ce Prince plus aise de gaigner vne ame à Dieu que de l'affaire qu'il eust d'vn tel homme, apres auoir esté prié par beaucoup de Sei-

A ij

gneurs qui l'asseurerent qu'il viuroit mieux à l'aduenir, & qu'il disoit que ce qu'on le croyoit Atheiste estoit faux. Que pour le bien mõstrer il auoit escrit vn liure de l'immortalité de l'ame dans lequel il feroit bien veoir le sentimẽt qu'il a de la Religion Chrestienne. Sa Majesté deferant à la priere de tant de personnes de qualité accorda son retour quand il auroit veu ce liure, & recogneu ses actiõs respondre à ce qu'il en escriroit. Theophile bien ayse de ses nouuelles se haste de faire imprimer son liure qu'il dedie au Roy, veoid quelques grands personnages qui le font veoir les Iesuites, ausquels il se confesse, & promet de tesmoigner par sa vie & ses actions qu'il y veut mourir, & que iamais il n'escrira rien qui sente du cõtraire, Il rentre en la bonne grace du Roy qui luy fait vne remonstrance sur sa vie licencieuse, & luy proteste que s'il descouure qu'il dise ou escriue iamais rien qui offence Dieu, ou contre les bonnes mœurs il le fera punir du dernier supplice que meritét ceux qui comme luy font gloire de tels discours. Vous ne veistes iamais vn homme plus hūble ny qui feist de plus belles promesses, mais il commeça bien tost de retourner à son vomissement, & se veid aussi-tost abandonné de Dieu qui permit qu'il le fust encor du Roy, & de tous ceux qui le voyoiét de bó œil, & qui esperoiét vne veritable conuersion de luy. Ses vers le feirent tenir pour vn vray Atheiste, & donnerent subiect à Messieurs de la Cour de le condemner d'estre bruslé tout vif auec ses liures. L'Arrest fut donné & executé par coustumace le 19.

Aoust 1623. pource qu'au lieu de se venir iustifier il s'enfuit. On feit vn fantosme à peu pres vestu cóme ledit Theophile, que l'on meit dans vn tombereau. On le mena deuant l'Eglise Nostre Dame faire l'amende honorable: puis on le fut brusler en la place de Greue. Comme il eut les nouuelles de cela il s'alla jetter entre les bras de quelqu'vn qui l'aymoit, & prit apres le chemin de Picardie où il demeura quelque temps. Monsieur le Procureur General auoit escrit par tous les Preuosts des Mareschaux pour le faire arrester sur les chemins en quelque lieu qu'il fust. Voicy donc comme il a esté arresté. Ayant demeuré quelque temps proche du Castellet, & s'ennuyant d'estre tant en vn lieu, il se resolut d'aller plus loin. Il part vn matin sur vn cheual auec vne vali-
se

se derriere luy, & vn petit laquay qui le suiuoit. Vn Preuost des Mareschaux qui auoit receu des lettres de Monsieur le Procureur General pour cela, le voyant passer voyant qu'à peu pres il ressembloit à celuy qu'on luy auoit depeint eut quelque soupçon que ce pouuoit estre luy. Theophile ayant passé quelque vingt ou trente pas, il se retourne, ou pour veoir si son laquais le suiuoit ou pour quelqu'autre chose, quoy que ce soit ce Preuost eut opinion qu'il auoit peur de luy, & qu'il falloit que ce fust Theophile. Il le laisse passer, & s'en va assembler ses archers, qu'il fait monter à cheual auec luy puis il suit le chemin qu'il auoit veu tenir à celuy qu'il poursuiuoit, quelque temps apres il rencontre des paysans ausquels il demanda s'ils n'auoient

B

point veu vn homme de cheual portant vne valife, & vn petit lacquais derriere luy. Ces hommes luy dirent qu'ouy & qu'il eſtoit aſſez loin: le Preuoſt leur demanda s'il ne leur auoit rien dit, ils reſpondirent qu'il leur auoit demandé le chemin du Caſtelet: Le Preuoſt continua encor de leur demáder s'il ne leur auoit rien dit que cela. Ils dirent que non, ſinon qu'il leur auoit demandé s'il n'y auoit point quelque petit ſentier couuert, & qu'il ſeroit bien aiſe de ne point aller par le grand chemin: mais qu'ils luy auoient reſpondu qu'il y en auoit bien, mais que difficillement le trouueroit-il s'il n'y auoit quelqu'vn du pays qui le conduiſiſt, & qu'il feroit beaucoup mieux de ſuiure e grád chemin, comme il feit. Le Preuoſt iugea de là qu'il falloit que ce fuſt ledit Theophile. Il pousse son cheual & fait aduancer ses archers auec luy, de telle sorte qu'il arriua au Castelet presque aussi tost que luy, & le veid entrer en la Citadelle. Il y va tout droit & demanda le Gouuerneur, Le Gouuerneur estant venu, le Preuost luy demanda franchement vn nommé Thophile qui venoit d'entrer, comme s'il l'eust bien cogneu. Ce Gouuerneur soit qu'il le voulust cacher, ou soit qu'il ne l'eust pas veu, dit qu'il ne sçait que c'est, & qu'il n'est entré personne.

Le Preuost persiste, & dit qu'il l'a veu entrer: qu'il luy faict commandement de par le Roy de luy liurer, sinon qu'il luy laisse en sa garde, & qu'il va faire son procez verbal du refus qu'il fait de luy mettre entre les mains. Le Gouuerneur craignant d'encourir la disgrace de sa Majesté luy dist qu'il entrast auec ses Archers & qu'il cherchast s'il le trouueroit.

Le Preuost laisse de ses archers à la porte, & aux autres lieux qu'il iugea necessaires. Il alla apres cela chercher par tout, & ne le trouuant point dans le logis, il fut dans vne casemate où il auoit fait porter des lanternes, parce qu'elles vont bien auant sous terre. Et nottez que ledit Theophile estant là dedans, suiuoit tousiours les archers sans estre recogneu. Et n'eust esté qu'on apporta de la paille allumée, on ne l'eust que difficilement apperceu. L'ayant en fin trouué on luy demanda si ce n'estoit pas luy qu'on appelloit Theophile, & ayant respondu qu'ouy, le Preuost se saisit de luy, & luy declare qu'il le fait prisonnier du Roy. Il le fait assister pour le pouuoir conduire seurement iusques à sainct Quentin où Monsieur de Caumartin est Intendant de la Iustice. Il l'interoge, & puis il enuoye aduertir Monsieur le Procureur General, afin de sçauoir ce qu'on fera pour le conduire seurement iusques dedans Paris. Mondit sieur le Procureur General fut aussi-tost au Parlement requerir pour le Roy qu'on enuoyast quelqu'vn pour l'amener. La Cour suiuant ses conclusions ordonna que l'Huissier de saincte Beuue iroit assisté des archers de Monsieur de ffunctis, & qu'il seroit mandé à tous les Preuosts des Mareschaux, & à tous les iuges des lieux de leur prester main forte. Dés le mesme iour Vendredy 22. ils partirent pour l'aller querir à sainct Quentin, d'où ils l'ont emmené accompagnez du Preuost & des archers qui l'auoient aresté. Ils ont encor amené son garçon, & les ont tous deux remis dans la Conciergerie le Ieudy 28. Septembre, sur les cinq heures du soir.

Il dit que les Iesuites sont cause de sa condemnation : Ie veux bié croire que cela soit. Il seroit encor à desirer qu'ils fussent cause de la condemnation de ceux qui disent ou escriuent des choses semblables à celles dont il est accusé.

43.

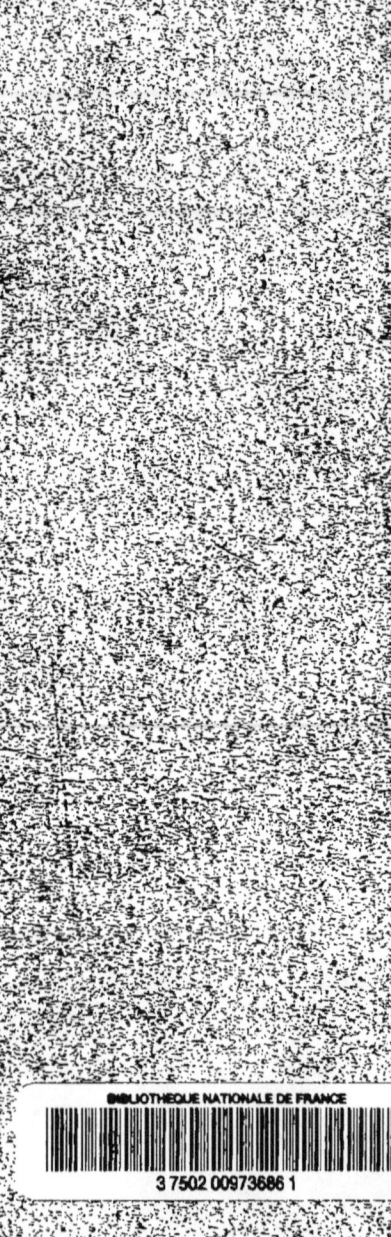

www.ingramcontent.com/pod-product-compliance
Lightning Source LLC
Chambersburg PA
CBHW060629050426
42451CB00012B/2496